AF253703

TABLEAU

DE

LA POLITIQUE FRANÇAISE

A L'INTÉRIEUR

Paris. — Imprimerie EMILE VOITELAIN et Ce,
rue Jean Jacques-Rousseau, 61

TABLEAU

DE

LA POLITIQUE FRANÇAISE

A L'INTÉRIEUR

PRINCIPES

De toute Organisation rationnelle d'un État

BUDGET EN ÉQUILIBRE

PAR

M. F. V. G.

PARIS

LIBRAIRIE INTERNATIONALE

A. LACROIX, VERBOECKHOVEN et Cie, EDITEURS

15, boulevart Montmartre et faubourg Montmartre, 13

MÊME MAISON A BRUXELLES, A LEIPZIG ET A LIVOURNE

1871

OBJET DE CET ÉCRIT

Dans la situation où la France se trouve acculée par l'ignorance, la présomption et les crimes de ses gouvernements, c'est un devoir rigoureux pour quiconque se croit en possession d'une idée utile et juste de l'exposer à ses concitoyens. Il ne doit s'arrêter ni à la crainte du ridicule qui le menace, ni aux vains soucis de la forme littéraire : il lui suffit d'être net et clair.

La science politique est faite, tous les problèmes sont résolus en théorie; les solutions ont été vérifiées par l'expérience en Hollande, en Suisse, en Angleterre et surtout aux États-Unis d'Amérique. Mais, grâce à l'aveuglement intéressé de nos gouvernants, notre France est en arrière pour la pratique.

Les vrais principes sont d'une extrême évidence. Ils ont leurs racines dans la justice, et la conscience est leur organe.

Je les exposerai en examinant successivement

plusieurs questions d'un grand intérêt : la source des lois, les sinécures, le Conseil d'État, l'instruction publique, les églises, la centralisation, l'omnipotence des députés et des Chambres, la magistrature, la force armée. Je tracerai les bases nécessaires de toute constitution fondée sur la justice, à l'exclusion des priviléges et des abus. Enfin je donnerai un moyen simple et bourgeois de mettre les finances en ordre et le budget en équilibre.

Mars 1871.

PREMIÈRE PARTIE

I

SOURCE DES LOIS

La France est délivrée des hommes providentiels. Il faut que le peuple fasse lui-même ses affaires, qu'il nomme ses agents, qu'il limite et définisse les pouvoirs qu'il leur confie.

C'est une grande faute que de s'abandonner aveuglément à la direction soit d'un homme, soit d'une assemblée. Le pouvoir est corrupteur par sa nature. Il tend toujours à envahir et à s'étendre.

Le peuple ne peut ni ne doit jamais se dessaisir de la souveraineté. Il confère des fonctions, il ne sacrifie ni ses droits, ni sa liberté.

La loi suprême, la constitution de l'État, ne comprenant que la création et l'organisation des pouvoirs, ne peut logiquement émaner que du suffrage universel. Le peuple fait les autres lois par des délégués.

Une bonne loi ne crée rien ; elle définit, elle règle un droit existant ; la conscience l'approuve et s'y attache. Si la loi n'est que l'expression du bon plaisir et de l'arbitraire personnel, on la subit, et, dès qu'on le peut, on en exige la suppression. C'est ainsi que l'article 75 de la Constitution de l'an VIII est tombé récemment sous l'explosion de l'indignation publique. C'est ainsi qu'après le *bill des fugitifs* les magistrats de la libre Amérique, dans certains États, refusèrent d'exécuter la loi, en disant au possesseur d'esclaves : *Montre-nous le contrat de vente du tout-puissant.* Une loi, pour être bonne et respectable, doit être juste, respecter les droits inhérents à la nature humaine, et ne point offenser la conscience. Toute loi qui ne remplit pas ces conditions est détestable et ne peut être qu'un germe de troubles et de révolutions.

II

SINÉCURES PUBLIQUES

Les services publics doivent être convenablement et même un peu largement rémunérés afin que l'État soit bien servi. Mais multiplier les fonctionnaires au delà des vrais besoins, créer une foule de petites dignités formalistes et encombrantes, aux frais de la masse des producteurs, est une folie criminelle. C'est par excellence la folie française. En France, c'est M. Jules Simon qui l'a dit publiquement, *quand il faut un employé, on en prend dix.* On évalue le nombre de nos employés civils à cinq cent mille. Atténuons l'assertion de M. Simon, et supposons que le nombre des fonctions inutiles n'est que les quatre cinquièmes de la totalité. Cela fait quatre cent mille employés de trop. Ce sont quatre cent mille hommes instruits et intelligents, qui auraient accompli dans la société des travaux utiles et que l'on transforme en une caste de consommateurs improductifs. La société y perd doublement. Elle perd une masse considérable de produits qui auraient été accomplis, et une somme énorme de traitements abusifs.

Pour nous expliquer plus clairement nous prendrons un exemple simple, l'institution de la Légion d'honneur. Nous n'en discutons pas le principe. Nous supposons les nominations légitimement faites. Nous nous bornons au point de vue de l'administration.

Supposons vingt mille légionnaires et trente mille médaillés, en tout cinquante mille hommes d'élite, dont il faut prendre bonne note au fur et à mesure des nominations. Il faut un bureau, des registres, trois personnes sachant lire, écrire et compter. Voici donc le tableau de la dépense largement faite :

Chef de bureau. . . .	6.000 fr.
Premier commis. . . .	3.000
Deuxième commis. . .	3.000
Garçon de bureau. . .	2.000
Frais accessoires . . .	6.000
Total. . . .	20.000 fr.

Il n'est personne qui ne reconnaisse, avec un peu de réflexion, que c'est une dose très-suffisante de bureaucratie. Voyons ce qu'on a fait. Ouvrons le budget de 1871 :

Un grand chancelier ! . . . , ...	30.000 fr.
Un secrétaire général !	18.000
Indemnité de logement de M. le secré- taire général !	3.000
Deux chefs de division !	23.000
Cinq chefs de bureau !	32.700
Cinq sous-chefs de bureau !	20.900
Quarante-quatre commis de tous grades.	104.400
Gens de service.	19.200
Frais de bureau.	20.000
Menues dépenses.	29.000
Total.	200.200 fr.

Au lieu de 20.000 fr.

Veut-on savoir ce que nous coûtaient annuellement nos grands chefs militaires ?

Nous lisons, page 534 :

Maréchaux, officiers généraux. . . .	9.095.062 fr.
Intendance militaire.	3.219.058
État-major.	7.923.759
Ils nous coûtaient à eux seuls. . . .	20.237.879 fr.

On se croirait magnifique en allouant 500,000 francs par an au ministère de la guerre pour le traitement de Son Excellence, pour l'entretien de son hôtel et pour ses bureaux. Eh bien ! on trouve pour cet unique objet dans le même livre :

Page 521.	2.009.338 fr.
Et page 522	521.000
Total.	2.530.338 fr.

c'est-à-dire au moins cinq fois le nécessaire.

Par ce petit nombre de cas, on peut juger de tous les autres. On s'en convaincra si, surmontant son indignation, on a le courage de parcourir le gros livre appelé la loi du budget de 1871, loi votée par les serviteurs de l'empire.

III

LE CONSEIL D'ÉTAT

Si on ne veut se laisser guider que par la justice et le bon sens, il est impossible de découvrir la moindre raison plausible pour expliquer l'institution du conseil d'État. On n'y reconnaît que l'insolente main du despotisme.

On dit que le conseil d'État arrêtait la rédaction des lois. Eh quoi! Le chef de l'exécutif, ses ministres, leur état-major, et le nombreux personnel du Corps législatif ne suffisaient pas? Est-il donc si difficile de rédiger un texte de loi, lorsque la loi n'a pas pour objet d'escamoter un droit ou une liberté publique? Pour un homme droit, sincère, au courant de la question dont il s'occupe, c'est chose plus facile que de fabriquer le moindre objet d'art. Ne confondons pas une semblable rédaction avec l'éloquence politique. Ce n'est pas pour offrir des modèles d'éloquence que le conseil d'État existait. Sa besogne était une besogne de greffier pour laquelle il était profondément inutile.

On ajoute que le conseil d'État jugeait au contentieux. Cela signifie qu'il dérobait à la connaissance des tribunaux ordinaires les questions litigieuses dans lesquelles l'administration était impliquée. Il était alors un tribunal d'exception du caractère le plus odieux, car ses membres étaient révocables au gré du ministre. Le conseil d'État siégeant au contentieux, c'était le gouvernement juge dans sa propre cause. Il fallait couvrir cette énormité. On la couvrit, hélas ! de l'autorité respectable de Montesquieu. On lui prit le principe de la séparation des pouvoirs, mais en le mutilant. Montesquieu a dit et voulu dire que la liberté réside dans *la séparation et l'engrenage raisonné des pouvoirs*. On a supprimé l'engrenage, c'est-à-dire les rapports mutuels et nécessaires des pouvoirs, et on a fait de Montesquieu un pilier du despotisme. On a dit : la liberté des citoyens exige que le pouvoir administratif, quel que soit son crime, soit indépendant du pouvoir judiciaire ! Il faut donc qu'il soit juge dans toute affaire qui l'intéresse ! Voilà le contentieux ! Voilà le fameux article 75 de la Constitution de l'an VIII !

C'étaient là toutes les fonctions du conseil d'État, à moins qu'on ne veuille compter le soin et l'honneur de brûler de l'encens sur les marches du trône.

Le conseil d'État se composait d'environ trois cents personnes et ne coûtait pas moins de trois millions au peuple. De l'argent ainsi dépensé, disons-le hardiment, c'est une concussion publique, une concussion de laquelle sont également coupables, en stricte morale, celui qui a créé les places, ceux qui les ont données, et ceux qui les ont acceptées. Ainsi donc outrage au droit, dilapidation des deniers publics, fonctions encombrantes et parasites, voilà le bilan du conseil d'État.

Si on nous objecte que la Constituante de 48, et les assemblées qui l'ont suivie, ont néanmoins maintenu le conseil d'État, notre réponse sera courte et simple. Tristes assemblées, tristes despotes. Les discussions communistes du Luxembourg amènent les ateliers nationaux et ceux-ci les journées de juin. Au général Cavaignac incombe le devoir de vaincre l'insurrection, de la désarmer, de la réduire à l'impuissance, d'arrêter les principaux meneurs et de les traduire en justice. Mais la chambre impose des transportations en masse ! Ce fut un brigandage législatif plus criminel et plus odieux que le brigandage de la rue. Lors de l'attentat d'Orsini, l'empereur voulut profiter de l'occasion pour anéantir le parti des républicains français à qui on ne pouvait rien reprocher dans ce moment. Il proposa et le Corps législatif adopta la loi de *sûreté générale*, à laquelle ne fit point opposition le sénat *conservateur des libertés publiques*. Ce fut la source d'une série de crimes plus nombreux et plus infâmes que ceux qui ont déshonoré la Convention. Jusqu'à présent nos assemblées ont créé ou maintenu les violences du despotisme et les concussions publiques. Rien ne leur a été plus étranger que le sentiment du droit et de la justice.

IV

INSTRUCTION PUBLIQUE

Un heureux accident nous épargne la peine de formuler personnellement le jugement sévère que portera tout esprit impartial sur notre malfaisante université.

Dans le *Journal officiel* du 7 mars, on lit :

ACADÉMIE DES SCIENCES

Séance du 6 mars.

M. Henri Sainte-Claire Deville. Je fais partie de l'Université depuis longtemps ; je vais avoir ma retraite, eh bien ! je le déclare franchement, voilà en mon âme et conscience ce que je pense : l'Université telle qu'elle est organisée nous conduirait à l'ignorance absolue.

Le professeur n'est rien ; l'administration est tout. Je ne reconnais aucun tribunal supérieur à l'Académie des sciences pour juger en pareille matière ; c'est pourquoi je voudrais qu'elle employât toute son autorité à faire sortir de ses gonds la porte rouillée qui s'est fermée sur notre enseignement depuis 92.

Il faut une réforme radicale ; il faut que l'Académie se préoccupe de l'enseignement ; il s'agit de l'avenir de notre pays. Depuis quatre-vingts ans, pour parler instruction publique, il faut être ministre, député ou chef de bureau. Eh bien ! il faut que l'Académie fasse cesser ces errements et qu'elle dise nettement : « Voilà la vraie voie à suivre ; voici comment on a réussi en Allemagne, en Angleterre ; secouons le joug et sachons prendre aux autres ce qui fait leur force et leur supériorité. » C'est avec conviction et foi dans l'avenir que je pose la question devant l'Académie. »

Ces paroles n'ont soulevé aucune protestation. Au contraire MM. Bouley, général Morin, de Quatrefages et M. Dumas lui-même les ont confirmées.

Oui, l'Université est depuis le premier empire le cancer rongeur de la France. C'est elle qui produit cette nuée de fonctionnaires parasites qui nous dévorent ! C'est elle qui fabrique indirectement nos orateurs de clubs, nos républicains d'estaminet, nos communistes ! Car que sait un jeune homme au sortir du collége ? Qu'a-t-il appris en huit ans ? A quoi est-il propre si l'État ne le prend pas à son service ? Absolument à rien.

Le malheureux se réfugie dans le contrat social de Rousseau, ou dans une traduction de la république de Platon, ou dans quelqu'un de leurs modernes commentateurs et amplificateurs. Or, dans ces ouvrages où débordent quelquefois la sensibilité, l'imagination et le génie, un jeune lecteur peu instruit, à principes incertains, ne saurait puiser que des idées étranges, fantastiques, fausses, funestes à la société.

Nous ne savons que notre langue. Notre ignorance en géographie nous rend la risée de l'Europe. On nous retient pendant des années sur les contes bleus de Nembrod, de Thèbes ou de Memphis, et on nous dérobe l'histoire si certaine, si instructive et si belle des États-Unis d'Amérique. Est-il un lycée où on l'enseigne ? Non, pas un. Le pouvoir central a mis cette histoire à l'index. Je ne continue pas, la suite est trop humiliante et trop douloureuse.

Eh quoi ! N'est-ce pas assez pour vous, gouvernement central, de vous occuper des finances, de l'ordre public, de la justice, de la guerre et de la marine ? Êtes-vous autre chose que l'administrateur des intérêts généraux ? Qui vous a confié la mission et le droit d'instruire ?

Vous répondez que, d'après les statistiques, la France est ignare. Or, c'est votre faute. Qu'est-ce qui s'est arrogé, en fait, le monopole de l'instruction ? Après avoir promis la lumière, quelle main a répandu l'ignorance et les ténèbres ?

Voulez-vous rendre à la France un grand service ? Supprimez le ministère de l'instruction publique et sa bureaucratie ; supprimez les inspecteurs généraux et les recteurs de vos académies, et vos académies elles-mêmes, et tout cet état-major de gens extrêmement nuisibles. Après ce licenciement, il vous restera les professeurs capables de bons services. Vous leur donnerez la liberté, et ils travailleront plus fructueusement pour le public et pour eux-mêmes.

Si l'instruction est moins avancée en France qu'en Suisse, en Allemagne, en Norvège, aux États-Unis d'Amérique, cela tient à ce que dans ces pays l'enseignement est libre.

Les lettres et les arts ont brillé d'un éclat incomparable dans l'ancienne Grèce. L'enseignement y était libre. Une seule chose y fut mauvaise, c'est la musique ; mais aussi remarquez bien que les gouvernements l'enseignaient. L'ancienne Rome eut d'illustres orateurs et de grands jurisconsultes ; jamais l'État n'y enseigna le droit ni l'éloquence.

Venons aux temps modernes pour apprécier l'utilité des corps savants institués et surveillés par l'État. Deux hommes découvrent l'un la circulation du sang, l'autre la vaccine. Ils sont conspués par toutes les facultés de l'Europe. Les admirables découvertes de Newton sur le mouvement des corps célestes et sur la lumière, bien que démontrées par le calcul et par l'expérience, sont dédaigneusement repoussées pendant vingt ans par les cartésiens de l'Académie de Paris. La même académie repousse successivement le bateau à vapeur, le chemin de fer et la télégraphie électrique. Quand le gouvernement croit poser un phare lumineux, c'est toujours un éteignoir ou une borne.

Qu'attendez-vous d'un enseignement uniforme par toute la France? Ne voyez-vous pas que les diverses localités ont des besoins différents? Que celui-ci doit apprendre l'anglais, celui-là l'allemand; qu'il faut à l'un la connaissance des machines, à l'autre la comptabilité? Et quel zèle apporteront dans leurs fonctions des maîtres qu'aucun intérêt personnel n'excite? Si l'autorité à laquelle ils sont soumis réside dans la corporation, ils feront tous cause commune et se traiteront réciproquement avec la plus grande indulgence. Si l'autorité réside dans un haut fonctionnaire, par exemple dans un ministre, le maître trouve sa sauvegarde, non pas dans son application à ses devoirs, mais dans sa soumission à la volonté de quelque protecteur dont il devient un instrument politique.

Voilà vingt ans que l'Université tourne et retourne ses programmes. L'enseignement a-t-il fait quelque progrès? Non, il a reculé, mais on a atteint le but qu'on se proposait dans un esprit d'usurpation criminelle, on a ruiné les établissements privés. Pourquoi l'Université est-elle stationnaire et même rétrograde? Parce que ne dépendant de personne et tenant tout sous sa loi, elle ne cherche que ses avantages et ses commodités. De tous les modes d'éducation le sien est le plus absurde. On y trouve un énorme galimatias inutile, indistinctement imposé à tous les esprits. L'homme est scindé en deux, un abstracteur et un automate, les intelligences sont paralysées, et l'Université fait elle-même cette masse immense d'élèves inertes dont elle se plaint. Elle connaît peut-être comme tout le monde ce qu'on devrait faire, mais son intérêt s'y oppose. L'éducation doit être avant tout expérimentale et pratique, n'employant le discours que pour expliquer, résumer et coordonner. On doit permettre d'apprendre par les yeux et les mains à qui ne peut apprendre par l'imagination et la mémoire,

L'immixtion de l'État est maladroite, injuste et funeste. Elle est maladroite, car l'État ne peut tout connaître ; un gouvernement est toujours ignorant, ce n'est jamais de lui qu'il faut attendre un chef-d'œuvre, une découverte, ni même un progrès. Elle est injuste, car l'État subventionne et prend dans la poche des uns pour payer l'instruction des autres. Elle est funeste, en ce qu'elle étouffe les talents par le privilége qu'elle accorde forcément à la médiocrité ; car où sont, je le demande, depuis cinquante ans, les œuvres de génie, les résultats féconds et précieux enfantés par les poules centrales aux œufs d'or qu'on appelle le Conservatoire de Musique, l'École des Beaux-Arts et les Écoles françaises de Rome et d'Athènes ?

Ayons donc enfin un peu de sens et reconnaissons que l'instruction est un soin que l'État doit abandonner aux familles, aux villes et aux communes ; ou mieux, que c'est un soin que les familles, les villes et les communes ne doivent pas permettre à l'État d'usurper.

V

DE L'ÉTAT ET DES ÉGLISES

Toutes les questions qui intéressent la conscience sont d'une délicatesse infinie. Il n'en est pas qui demandent plus de discrétion et de réserve. Nous n'avons donc pas ici d'opinion personnelle à émettre, et nous nous contentons de rapporter, sans y rien changer, la conversation suivante entre un électeur et son député :

L'ÉLECTEUR. — La liberté de conscience est la plus précieuse conquête de la civilisation. Il faut la conserver avec d'autant plus de soin qu'elle a coûté plus cher. La plupart des événements historiques, les persécutions exercées contre les premiers chrétiens, celles des chrétiens les uns contre les autres, le massacre des Albigeois, la Saint-Barthélemy, le tribunal de l'Inquisition, sont des horreurs qui attristent l'âme humaine, mais on ne peut les condamner à l'oubli. Se les rappeler est le plus sûr moyen d'en prévenir le retour. Juifs, musulmans, chrétiens protestants, chrétiens catholiques, soyons libres dans notre foi, libres de nous réunir, de nous connaître et de nous instruire mutuellement. Ce sont-là des choses privées dans lesquelles le gouvernement n'a rien à voir.

LE DÉPUTÉ. — Mais cette conscience libre, il faut qu'on l'éclaire. Peut-on permettre à chacun de croire ce que bon lui semble ? Peut-on laisser pulluler les sectes religieuses ? Voyez l'Angleterre et la libre Amérique bourrelées du remords de leur apostasie ! Si nous avons en France plusieurs religions qu'il est nécessaire de tolérer, au moins ne permettons pas qu'elles se multiplient. Créons autant de corporations de prêtres que nous avons de religions distinctes, et que ces prêtres, soumis à la loi, soient rémunérés sur le fonds commun.

L'ÉLECTEUR. — Autant de mots, autant d'hérésies. Quoi ! vous voulez m'empêcher de croire ce qui me semble évident, ce que l'expérience m'apprend ? Voilà une étrange prétention. Vous me parlez de l'Angleterre et de l'Amérique, les contrées les plus libres, les plus éclairées et les plus prospères du monde, et vous affirmez qu'elles sont bourrelées du remords de leur apostasie ! Qui vous l'a dit ? Vous voulez tolérer certaines églises et fermer les autres ! Mais je ne veux pas de votre tolérance. Lorsque, sans nuire à personne, un citoyen élève un temple à l'Être suprême et qu'il y harangue ses fidèles, il exerce un droit, et si vous l'en empêchez par la force vous êtes un tyran. Enfin, je n'ai besoin de vous, ni pour m'instruire, ni pour sauver mon âme. Je choisirai moi-même et je rémunérerai celui à qui j'aurai recours, comme je choisis et je remunère mon médecin ou mon avocat. Je ne veux troubler la liberté de personne, mais je ne veux pas qu'on attente à la mienne ; je ne veux pas qu'on m'oblige à salarier les croyances des autres, surtout quand je les considère comme blasphématoires ou ridicules.

LE DÉPUTÉ. — Vous vous échauffez trop.

L'ÉLECTEUR. — C'est que vous blessez la fibre la plus vitale de l'âme humaine.

LE DÉPUTÉ. — Écoutez ceci : l'histoire vous apprend

que vers l'an mille, on fit une infinité de testaments ainsi conçus :

« Voyant venir la fin du monde, et craignant d'être
« compris parmi les boucs, je donne à tel couvent ou à
« telle église..... »

L'Église catholique acquit ainsi de très-grands biens. Les mosquées et les pagodes se sont enrichies par la même voie. Peut-être même connaissez-vous particulièrement des faits analogues. Voilà certainement un abus auquel le législateur doit remédier.

L'ÉLECTEUR. — Sans contredit. Il faut arrêter l'escroquerie en tous genres, et pour celle-ci il suffit d'une seule loi, en un seul article :

ARTICLE UNIQUE

« Les donations entre vifs ou par testament, faites
« par des motifs religieux, à des couvents, églises,
« mosquées ou pagodes, ne sont valables que lorsque,
« après le décès du donateur, tous les héritiers natu-
« rels, réunis en conseil de famille, y ont donné leur
« consentement. »

LE DÉPUTÉ. — Eh ! eh ! C'est radical.

L'ÉLECTEUR. — C'est même moral, car chacun étant prévenu qu'il ne pourra pas à la fin de ses jours racheter ses fautes aux dépens de ses héritiers, sera porté à mener une vie plus droite, plus désintéressée et plus pure.

LE DÉPUTÉ. — La question du service militaire est aussi du ressort du législateur.

L'ÉLECTEUR. — Assurément. Mais l'esprit de justice

et de liberté en fournit instantanément la solution la plus simple.

« Nul ne peut entrer soit dans les ordres ecclésiasti-
« ques, soit en couvent, avant d'avoir satisfait à toutes
« les obligations militaires qui incombent aux citoyens
« jusqu'à vingt-cinq ans. »

LE DÉPUTÉ. — Restent encore les religieuses.

L'ÉLECTEUR. — La majorité est fixée pour tous à un âge avant lequel nul ne peut disposer de la moindre parcelle de son bien. A plus forte raison est-il raisonnable et sage d'interdire aux femmes de prononcer des vœux et d'entrer en religion avant leur majorité. Ce n'est pas attenter à leur liberté, mais les préserver des suites fâcheuses d'un entraînement irréfléchi.

LE DÉPUTÉ. — J'y songerai.

VI

LA CENTRALISATION ABSORBANTE, C'EST LE COMMUNISME

On connaît, par une expérience aussi prolongée que douloureuse, tous les vices de cette centralisation effrénée sous laquelle gémit la France depuis le consulat de Napoléon Ier. La nécessité de s'y soustraire est généralement sentie. Pour en apercevoir distinctement la cause et le remède, il suffit de remonter aux principes et d'examiner le développement naturel de la société, lorsqu'elle n'est pas troublée par les passions et l'égoïsme brutal des hommes à *missions providentielles*.

L'élément organique de la société, c'est la famille.

Plusieurs familles, groupées dans un même lieu, ont

des intérêts communs. Elles s'associent. On établit une autorité définie, circonscrite et responsable. Voilà la commune.

Plusieurs communes adjacentes ont aussi des intérêts généraux ; elles s'agglomèrent ; elles instituent une autorité responsable. Voilà le département.

Les départements réunis composent l'État dont les intérêts généraux sont gouvernés par une autorité centrale, élue et responsable.

Il y a des propriétés individuelles, communales, départementales, et des propriétés de l'État. On trouve partout simultanément propriété et communauté. L'État est une union des départements, le département est une union de communes, et la commune est une union de familles.

Les affaires particulières des familles ne regardent pas la commune ; les affaires des communes demeurent étrangères au département ; enfin, les affaires particulières d'un département sont complètement indépendantes de l'administration de l'État.

Voilà l'ordre naturel, voilà le juste, le vrai, en dehors duquel on ne trouve que de détestables abus, la discorde, la confusion et la ruine.

Et c'est ce qui ne manque pas d'arriver, lorsqu'au lieu de circonscrire, de diviser et de pondérer les pouvoirs, le peuple s'abandonne niaisement à la direction arbitraire des charlatans politiques. Il est sûr alors d'être ruiné et profondément troublé par les extorsions et l'égoïsme ambitieux des hommes qui le gouvernent.

Alors se déroulent de poignantes misères, et surgissent des réformateurs chevelus, désireux d'acquérir, sans travail, fortune et autorité. Ils sont, disent-ils aux

malheureux que la misère réunit autour de leurs tréteaux, pleins de compassion pour les souffrances du
peuple. Mais que faire? La libre concurrence et l'in-
fâme capital engendrent fatalement le paupérisme.
Une réorganisation sociale est absolument indispensable. — Laquelle? répondent les auditeurs. — Il fau-
drait un chef élu par vous et possédant à fond la
science de l'organisation des sociétés. — Soit, nous
vous élirons. — Nous serons tous frères, continue
l'orateur chevelu. Tout sera commun entre nous. Il n'y
aura plus que des hommes, des femmes et des enfants
de la République. Le *tien* et le *mien* seront radicalement
proscrits, et nous mènerons, dans les hôtels de la République, une vie joyeuse et fraternelle. — Bravo!
répondent les ouvriers, mais le travail? — A vrai dire,
continue l'orateur, c'est là le point épineux. Il faut à
votre chef une grande puissance d'initiative. Il lui faut
l'administration des finances publiques et une autorité
absolue sur les personnes.

Les ouvriers ne se rendent peut-être pas nettement
compte des impossibilités et des horreurs qu'on leur
propose, mais ils les entrevoient et se montrent moins
empressés. Il est juste de dire, à l'honneur de l'instinct
populaire, que ce hideux régime communiste, quelqu'artifice qu'on ait employé pour le mitiger, a obtenu
à peine, dans le cours des siècles, quelques commence-
ments d'exécution, même à l'aide de la force reli-
gieuse.

Mais ce que le peuple tout entier ne voit pas encore
suffisamment, c'est que ses vrais ennemis, ses sangsues,
sont les centralistes, les centralistes qui ne sont pas
autre chose que des communistes un peu mitigés, et

dont la doctrine déplorable amène infailliblement la ruine de la nation tout entière, villes et campagnes.

Le centraliste multiplie indéfiniment les fonctions encombrantes, parasites et ruineuses pour le trésor public. Par ses préfets, il s'empare de l'administration départementale; par les maires qu'il nomme, il s'empare de l'administration communale; il désarme les citoyens et leur enlève toute initiative; par sa corporation enseignante, il instruit les enfants à sa guise et leur dicte ce qu'ils doivent croire; ses financiers, par mille canaux, par toutes les ruses imaginables, lui amènent le plus clair de la richesse du peuple; sa police et son armée permanente maintiennent tout dans la crainte et le silence; la magistrature, devenue entre ses mains un instrument d'oppression et de tyrannie, couvre ses attentats les plus criminels du voile de la justice. En un mot, la nation est réduite à l'état d'un troupeau dans une communauté de misère et de servitude pour le prestige, l'orgueil, les plaisirs de la légion des centralistes et du personnage qui la commande. A quoi il faut ajouter que ces gens-là se mêlent de tout par amour du pouvoir, qu'ils règlent tout sans y rien connaître, qu'ils paralysent tout par leurs bévues.

DEUXIÈME PARTIE

I

MANDAT DU DÉPUTÉ

Renfermer le pouvoir dans ses limites naturelles, établir partout une responsabilité effective, substituer la justice à l'arbitraire, élever un rempart autour de la propriété et des droits de chacun, en un mot affermir la liberté sans accorder aucune importance aux personnes ; établir des fonctions publiques comportant des devoirs à remplir et un traitement rémunérateur, mais ne conférant ni droits, ni priviléges : voilà le problème à résoudre. Il ne réclame que le bon sens et la lumière naturelle. Cependant il nous est nécessaire de nous préserver et de nos charlatans politiques, et de nos préjugés serviles, et de nos entraînements irréfléchis.

Point de sécurité, de liberté, d'état bien ordonné, si les citoyens ne s'instruisent des affaires publiques, s'ils ne les regardent comme une partie essentielle de leurs affaires personnelles, si par la presse et par les réunions publiques ils ne s'éclairent sur les questions courantes, s'ils ne votent quand il y a lieu, et lorsqu'ils ne peuvent pas voter personnellement, s'ils ne nomment des représentants chargés de voter pour eux comme ils le feraient eux-mêmes. Eclairer l'opinion, la consulter, la suivre fidèlement est, pour les députés, un devoir étroit et permanent.

Mais nous sommes dévorés par un préjugé funeste, enfant de l'ignorance des uns, de l'orgueil et de l'ambition des autres. Nos députés, chez qui la dignité fait souvent défaut quand ils sollicitent notre mandat, prétendent, dès qu'ils en sont investis, ne relever que de Dieu et de leur conscience.

Vous relevez de Dieu, dites-vous, mais la nature entière en relève, et si vous avez reçu de lui la mission spéciale de légiférer, si vous êtes les oints du seigneur, il faut en fournir la preuve authentique. Vous ne le pouvez pas. Cessez donc de faire intervenir la divine providence dans vos œuvres et voyons votre conscience particulière.

Qu'est-ce que la conscience d'un individu presque toujours aveugle, passionné ou intéressé? Demandons-le à l'expérience.

Le bon père dominicain Torquemada fit brûler six mille infidèles. Sa conscience privée le lui prescrivait.

Ruinée par de petits despotes qui n'avaient de républicain que le nom, la France affolée confia ses affaires à Louis Bonaparte. Jamais homme ne fut en position de faire un plus grand bien. Que lui suggéra sa conscience privée? De se gorger de pouvoir et de richesses, de dilapider les finances pour son prestige, de semer la vénalité, et de lâcher la bride aux concussionnaires publics.

Les premiers directeurs du Crédit mobilier, hommes riches d'écus et de génie, d'une probité estampillée par

l'administration, avaient aussi sans doute leur conscience privée. Que leur suggéra-t-elle ? De s'enrichir
scandaleusement par un agiotage effréné, de lancer leur
société dans les aventures, et de ruiner des milliers de
familles, avec l'autorisation et la complicité du gouvernement d'alors.

M. Delesvaux qui condamnait si bien à l'amende et à
la prison pour un compte-rendu *parallèle, parasite ou
autre,* n'était pas dénué non plus d'une certaine conscience privée.

Ces exemples suffisent. On sait qu'il serait aisé de les
multiplier indéfiniment, tandis que les exemples contraires de dévouement et de solide vertu sont clairsemés
dans l'histoire.

L'expérience et la connaissance de la nature humaine
nous apprennent que tout pouvoir tend naturellement
à s'étendre, à empiéter, à usurper, et par conséquent
demande un frein. Chacun veut instinctivement aug-
menter ses biens et son influence. Nous devons donc,
tant en affaires politiques qu'en affaires civiles, être
constamment sur le qui-vive. Il faut nous défendre,
exiger des garanties, et pour les choses que nous ne
pouvons faire personnellement, n'accorder jamais que
des pouvoirs définis, circonscrits et limités.

Jetons dédaigneusement aux vents les fictions et les
abstractions abusives. Elles ne portent dans leurs flancs
que des révolutions. Rejetons avec indignation le principe insolent de *la souveraineté du député et de son indépendance irresponsable.* Que nos candidats à la dépu-
tation nous donnent l'exemple de la dignité républi-
caine. Qu'ils sollicitent noblement leur mandat, et
qu'une fois nommés, ils n'aient pas l'outrecuidance

de se dire nos maîtres, et de croire qu'ils sont la France.

Un député est *un homme public responsable envers ses mandataires*, et dont la conduite parlementaire demeure incessamment soumise à l'œil vigilant de l'opinion publique. Il doit instruire, éclairer sans cesse les citoyens qu'il représente. Il y parviendrait en publiant pour eux un compte-rendu. Il prendrait ainsi, suivant la belle expression d'Abraham Lincoln, un bain d'opinion publique qui augmenterait sa valeur morale.

II

OMNIPOTENCE PARLEMENTAIRE

Déraciner les vieilles routines et les vieux abus, s'organiser librement sur de bons principes, n'est pas un simple désir. C'est un besoin, une nécessité.

Cette opération, facile en elle-même, difficile par les résistances de l'égoïsme individuel, sera-t-elle l'insigne honneur de l'assemblée qui nous régit ?

Espérons-le, mais gardons-nous d'une confiance aveugle. Instruits par de cruelles expériences, n'oublions pas qu'au sein de cette assemblée peut se glisser un serpent dont l'opinion publique doit la défendre, si elle ne s'en défend pas résolument elle-même.

Quel est ce serpent ?

C'est le vieux principe erroné de *l'omnipotence et de l'indivisibilité du pouvoir législatif.*

Il faut découvrir ici les griffes et la gueule du monstre.

La Constituante de 89 proclame que le pouvoir législatif est à jamais omnipotent et indivisible. En conséquence elle anéantit la noblesse, elle anéantit le clergé, elle met les parlements en vacances. Les parlements résistent, elle les mande à sa barre, les fait trembler et les brise. Elle met le roi sous ses ordres, et lui impose sa constitution.

En vertu du même principe, l'assemblée législative suspend le roi, le met en jugement et le fait enfermer dans la prison du Temple.

La Convention marche dans la même voie. Elle abolit la royauté, juge elle-même le monarque et le condamne à mort. Il n'a manqué à ce spectacle que d'amener la guillotine au sein de l'assemblée et d'astreindre le président à faire l'office du bourreau. Les excès furent si horribles qu'ils amenèrent enfin un soulèvement et une réaction.

La Constitution de 1795 divise le pouvoir législatif en deux assemblées, le conseil des cinq cents et le conseil des anciens. L'indivisibilité est abandonnée comme incompatible avec la liberté, mais on maintient l'omnipotence du législatif, et la subordination absolue de l'exécutif. Cette modification se trouve insuffisante. Le pouvoir exécutif est méprisé ; le désordre continue. Le peuple, las d'un côté de sa misère, de l'autre enthousiasmé de la gloire d'un soldat heureux, se précipite dans les bras d'un gouvernement personnel et arbitraire : erreur fatale, durement expiée, mais conséquence inévitable du principe faux et funeste de l'omnipotence et de l'indivisibilité du pouvoir législatif.

Est-il possible qu'aucun membre de la Constituante de 89, n'ait aperçu les suites funestes de ce principe? Écoutons Lally-Tollendal.

« Une chambre unique est sujette à des emportements terribles. Qui la retiendra? Elle aura beau vouloir s'enchaîner elle-même : qui l'empêchera de briser une chaîne qu'elle aura forgée et qu'elle tiendra dans ses mains? Un pouvoir unique finira par tout dévorer. Deux se combattront jusqu'à ce que l'un ait écrasé l'autre. Trois pourront se tenir en équilibre. Les deux chambres auront le veto l'une sur l'autre et le roi l'aura sur les deux. »

« Une chambre omnipotente, s'écriait Mirabeau, est un despote à plusieurs têtes. Car, qui l'arrêtera s'il lui plaît de supprimer la publicité de ses séances, de faire un règlement oppresseur de la minorité, de se déclarer inamovible et héréditaire, de mettre la force publique dans sa main, de faire des lois atroces dites de salut public, et de s'abandonner à toutes les fureurs du despotisme? »

Enfin si nous ouvrons Montesquieu, nous y lisons : Si la puissance exécutive n'a pas le droit d'arrêter les entreprises du Corps législatif, celui-ci sera despotique ; car, comme il pourra se donner tout le pouvoir qu'il peut imaginer, il anéantira toutes les autres puissances. »

Que peuvent la raison, le bon sens, l'évidence, contre l'égoïsme et la passion? Une majorité formidable de 849 voix contre 89, proclama le principe.

La Constituante de 1848 monte à son tour sur les tréteaux parlementaires. Aveugle d'orgueil, ambitieuse, elle déclare elle-même qu'elle reprend les grandes traditions de 89. Elle proclame, pour elle et pour les assemblées qui la suivront, le principe de l'omnipotence et de l'indivisibilité. Sa constitution a été la source première des derniers malheurs et des désastres de la France. Il est permis de l'examiner et d'en tirer quelque profit pour l'avenir.

Art. 1er. — *La souveraineté réside dans l'universalité des citoyens français.* Très-bien. Nous allons voir comment ce principe est respecté.

Art. 20. — *Le peuple français délègue le pouvoir législatif à une assemblée unique.* Où a-t-on pris cela? Cette énormité a besoin d'être prouvée, et comme le peuple n'a jamais été consulté sur ce point, cela signifie seulement, pour qui comprend la valeur des termes, que l'assemblée s'empare du pouvoir, qu'elle veut en demeurer maîtresse absolue, et qu'elle entend transmettre le même privilége à l'assemblée qui lui succédera. C'est la confiscation de la souveraineté populaire; c'est le crime de haute trahison, s'il en fut jamais.

Art. 21 et 22. — *Le nombre total des représentants du peuple sera de 750. Il s'élèvera à 900 pour les assemblées qui seront appelées à réviser la Constitution.* Pourquoi tant de monde? Il suffit que les intérêts distincts soient représentés proportionnellement à leur importance. Voilà beaucoup d'argent, beaucoup de temps perdus. Voilà bien des ambitieux et des vanités à satisfaire.

Art. 30. — *Les électeurs voteront au chef-lieu de canton.* Que dis-tu de ça, mon brave campagnard? Tu aurais voulu déposer tranquillement ton vote à ta mairie. Du tout; tu feras trois ou quatre lieues, tu perdras une ou deux journées de travail. Tel est le bon plaisir de tes tribuns qui se sont faits tes seigneurs et maîtres.

ART. 32. — *L'Assemblée est permanente.* Parbleu! elle veut garder le pouvoir. Elle n'entend pas qu'un autre y porte la main.

MÊME ARTICLE. — *L'Assemblée fixe l'importance des forces militaires établies pour sa sûreté, et elle en dispose.* On n'est pas plus naïf. L'assemblée ne compte pas absolument sur l'amour de ses peuples. Elle veut une garde prétorienne ; c'est le besoin permanent du despotisme.

ART. 35. — *Les députés ne peuvent recevoir de mandat impératif.* En effet, si les électeurs s'avisaient de dire : le souverain, c'est nous, et nous ne voulons pas de chambre omnipotente! Ce serait une gênante et scandaleuse rébellion. Il faut la prévenir. Il est donc entendu que, les électeurs réunis, après délibération et résolution commune, même unanime, n'ont pas le droit de dire : « Sur une telle question, notre opinion commune est telle ; nous vous envoyons pour l'appuyer de votre éloquence et de votre vote. » On est confondu de tant d'extravagance.

ART. 36. — *Les représentants du peuple sont inviolables.* Comment donc! Nous ajoutons : *et même sacrés.* Nous demandons qu'une main archiépiscopale verse l'huile sainte sur leurs fronts divinisés.

ART. 44. — *Le peuple français délègue le pouvoir exécutif à un citoyen qui reçoit le titre de Président de la République.* Mais puisque l'assemblée absorbe si bien le peuple français, qu'elle est le peuple français lui-même, pourquoi ne nomme-t-elle pas elle-même le Président de la République ? Ah! ah! vous êtes illogiques, vous n'êtes pas de fins despotes, et voici ce qui arrive.

Le peuple dont vous avez usurpé la souveraineté, qui ne se rend pas compte de votre audacieuse et criminelle entreprise, mais que vous avez profondément troublé, nomme instinctivement à la présidence Louis-Napoléon, malgré le personnel qui l'entoure. Il réforme l'esprit de l'assemblée par un nouveau choix de députés, animés d'idées politiques différentes, députés non moins infidèles, non moins contempteurs de *la vile multitude*, non moins jaloux du principe de l'omnipotence et de l'indivisibilité parlementaire.

C'est ainsi, ô profonds politiques de 48, que vous avez lancé, en sens contraire, deux terribles locomotives sur la même voie, et que vous avez vu se réaliser de nouveau les prédictions de Montesquieu, de Mirabeau et de Lally-Tollendal. Ce n'est pas ici le lieu de décrire cette lutte des deux pouvoirs. Toute honnête sincérité en est absente; le crime y pullule, et le machiavélisme s'y étale dans tout son éclat. Mais remarquons bien que l'assemblée entendait conserver son omnipotence, et ne respecter la constitution qu'en ce seul point. A ce même peuple souverain qui l'avait nommé, elle eut l'audace d'opposer la loi du 31 mai 1850, qui rayait trois millions d'électeurs.

Il faut remarquer aussi que la constituante maintînt le conseil d'État, les fonctions parasites et tous les abominables excès de la centralisation. Enfin, il faut redire, quelque douloureux qu'en soit le souvenir, que la constituante ordonna des transportations en masse, sans jugement, ce que ferait à peine un soudard dans un pays conquis.

En vérité, en vérité, je vous le dis. Une chambre unique et omnipotente est un très-grand malheur pour le pays qui la subit. Elle n'est tolérable que dans un temps de crise, pour une mission spéciale, déterminée et courte. Cette mission accomplie, la chambre doit se retirer pour faire place à une organisation meilleure, proposée en projet à la nation et sanctionnée uniquement par elle.

III

LE POUVOIR JUDICIAIRE A UN ROLE POLITIQUE

Jusqu'à présent, la France n'a pas accordé à ses magistrats le rang et le rôle élevés qu'il convient de leur attribuer dans l'intérêt même de la justice et de la liberté.

Si le monde a vu des Jeffreys, des Fouquier-Tinville et tant d'autres magistrats plus récents qu'il ne nous convient pas de nommer, cela tient à ce que l'administration de la justice, malheureusement placée entre les mains des politiques, a toujours été un instrument d'oppression et de tyrannie.

La justice qui domine le monde moral, doit dominer aussi le monde matériel. A ceux qui la représentent parmi nous, nous devons accorder la plus grande somme de respect, d'indépendance et de liberté. Ils ne doivent relever ni du pouvoir exécutif, ni d'aucune assemblée, mais seulement du peuple souverain et de

la constitution confiée à leur garde. Ils doivent être
sans trouble et sans crainte; il les faut donc inamovibles.

Un grand juge, *chief justice*, sera nommé à vie par
les maires des communes rassemblés aux chefs-lieux
de département, et choisi sur un tableau de jurisconsultes éminents, dressé par une autorité compétente.
Le grand juge nommé, on peut le charger de pourvoir
à toutes les fonctions de la magistrature assise, conformément à des règles établies par une loi.

Le grand rôle politique de la magistrature consiste à
empêcher tout empiétement sur la constitution, soit
d'une fraction du peuple, soit du pouvoir exécutif, soit
du pouvoir législatif. Cette idée seule démontre l'abus
et l'iniquité de notre ancien conseil d'État.

IV

PRINCIPES FONDAMENTAUX DE LA CONSTITUTION

Nous allons maintenant donner les principes desquels
il n'est pas permis de s'écarter dans l'organisation politique d'un État, à moins de vouloir tourner le dos au
bon sens et à l'expérience. Ces principes sont tels que
tout peuple qui s'en rapproche se civilise, et que tout
peuple qui s'en écarte prend le chemin de la misère et
de la servitude.

La souveraineté réside dans l'universalité des citoyens. Le peuple conserve tous les droits qu'il ne dé-

lègue pas expressément. Tout officier public, toute assemblée qui outrepasse les pouvoirs qui lui sont formellement concédés est coupable de trahison.

La constitution et les amendements à la constitution sont délibérés en séance publique et rédigés en projet par une assemblée spéciale dont c'est l'unique mission, et qui n'exerce aucune influence sur la marche des affaires. Cette assemblée est nommée par le suffrage universel des citoyens votant dans leurs communes. Elle soumet au peuple le projet qu'elle est chargée de rédiger, et se retire.

Si le peuple n'adopte pas le projet, il nomme une nouvelle assemblée.

Le peuple seul a le droit d'adopter et de sanctionner, à la pluralité des voix, la constitution et les amendements à la constitution. Il n'appartient qu'à lui de créer les pouvoirs et de déterminer leurs limites et leurs sphères d'activité.

La commune est une localité ou un ensemble de localités possédant une mairie, une église ou un temple, et une maison d'école. Un maire et des conseillers municipaux sont nommés à temps par le suffrage universel. Ils sont chargés des affaires purement communales. Il y a un budget communal dressé par le maire et voté par le conseil.

Le département, formé de la réunion de plusieurs communes, est administré par un gouverneur et un conseil nommés à temps par le suffrage universel des habitants votant dans leurs communes. Il y a un budget départemental dressé par le gouverneur et voté par le conseil pour les affaires particulières du département, lesquelles ne sont autre chose que les affaires générales des communes. La réunion de tous les départements forme la République.

La République est gouvernée par un président, une chambre des députés, un sénat et un grand juge, tous émanés, quoique différemment, du suffrage universel.

Tous les fonctionnaires nommés à temps sont indéfiniment rééligibles.

Le président et les députés sont nommés par le suffrage universel des citoyens votant dans leurs communes. Ils sont nommés à temps.

Les sénateurs et le grand juge sont nommés à vie, par les maires des communes rassemblés à leurs chefs-lieux de département. Le grand juge ne peut être choisi que dans un tableau de cinq jurisconsultes éminents dressé par le sénat.

V

DU POUVOIR JUDICIAIRE

Le grand juge nomme à toutes les fonctions de la magistrature assise, suivant une règle établie par la loi. Les magistrats sont inamovibles.

Le peuple délègue à la magistrature, spécialement et avant tout, la garde de la constitution. Seule, elle peut requérir la force publique contre un citoyen. Tout citoyen a le droit de lui demander de déclarer par une sentence écrite que telle chose est ou non permise par la constitution. Si la sentence est favorable au pétitionnaire, toute loi, tout décret, tout mandat émanés des autres pouvoirs publics et contraires à la décision judiciaire sont réputés inapplicables dans l'espèce.

La magistrature est exclusivement chargée d'assurer l'application de toutes les lois de l'État. Elle requiert la force publique pour leur exécution.

VI

DU POUVOIR LÉGISLATIF

Le pouvoir législatif réside dans la personne du président, dans la chambre des députés et dans le sénat. L'initiative appartient au président et à chacun des membres des deux chambres. Le président promulgue les lois.

VII

DU POUVOIR PRÉSIDENTIEL

Le président nomme ses ministres avec l'agrément du sénat. La même approbation lui est nécessaire dans le choix des ambassadeurs.

Il nomme les officiers commandant les forces de terre et de mer. Il ne peut commander ces forces en personne, la présidence étant une fonction essentiellement civile. Les généraux suivent ses instructions.

Il a la direction des relations extérieures. Mais les traités de commerce, les traités de paix et les déclarations de guerre ne sont valables qu'avec l'approbation du sénat, délibérée en séance publique. Avant toute déclaration de guerre, le président soumet au grand juge la question de droit. Le rapport du grand juge est soumis au sénat.

Le président nomme tous les fonctionnaires placés sous ses ordres, en se conformant à la loi.

Il maintient à l'intérieur l'ordre et la sécurité, conformément aux lois et à la constitution.

Il perçoit les impôts, fait les paiements publics et dresse le budget annuel de l'État.

VIII

DES CHAMBRES

Le nombre des députés peut varier de 250 à 300. Ils sont répartis proportionnellement à la population.

Chaque département nomme un sénateur.

Chacune des deux chambres vérifie les pouvoirs de ses membres, nomme son président, fait son règlement et détermine ses séances. Le président a le droit de convoquer les chambres.

Les ministres ont une place distincte dans chacune des deux chambres. Ils ont le droit d'être entendus quand ils le demandent, et le devoir de fournir les explications qui leur sont demandées, pourvu que cela n'entrave aucune négociation.

Le budget et les lois de finances sont soumis d'abord à la chambre des députés, dont le vote est prépondérant en ces matières. Toutes les autres lois sont aussi soumises à ses délibérations et à son vote. Il faut excepter les traités de commerce, les traités de paix et les déclarations de guerre, que la chambre doit accepter comme des faits indiscutables pour elle et réservés à la sagesse du sénat.

En cas de trahison ou de malversation, la chambre des députés a le droit et le devoir d'accuser devant le sénat les ministres et le président lui-même. Alors le sénat se constitue en haute cour de justice, sous la présidence du grand juge. Il peut absoudre l'accusé ou prononcer qu'il est indigne d'occuper des fonctions publiques. Dans ce dernier cas, l'accusé est renvoyé devant les tribunaux ordinaires pour l'application de la peine.

Si la présidence de la République vient à vaquer, quel qu'en soit le motif, la chambre des députés pourvoit immédiatement à la nomination d'un président temporaire.

IX

DE L'ÉTAT ET DES CITOYENS

L'État au point de vue juridique est l'association des citoyens, et le gouvernement de l'État est l'administration des intérêts généraux de la société.

L'État ou le gouvernement ne peut exercer aucune industrie privée. Il n'a à s'occuper ni d'instruction ni de religion.

La sauvegarde et la propriété des citoyens est le but suprême de l'État.

Les citoyens sont libres de se réunir, de penser, de parler, d'écrire, d'agir comme il leur plaît, sous la seule condition de ne porter aucune atteinte aux droits d'autrui.

Nous n'ajoutons pas les dispositions essentielles nécessaires à la protection de la liberté individuelle et de l'inviolabilité du domicile. Elles sont d'autant plus connues que le pouvoir en France, le législatif comme l'exécutif, les a de tout temps outrageusement violées. Elles se rapportent à l'institution du jury, aux arrestations préventives et aux perquisitions domiciliaires. Sur ce point, au surplus, on pourrait imiter les Anglais qui ont beaucoup approché de la perfection.

Remarquons en terminant que, dans notre système, le carrosse de l'État n'est plus ce tricycle infortuné que nous avons connu jusqu'à ce jour. C'est une locomotive à quatre roues. La vapeur, c'est le travail, l'industrie, l'économie, la liberté, les passions, les sentiments et le génie des citoyens. Les deux roues de derrière sont les deux assemblées qui doivent composer le pouvoir législatif. Les deux roues de devant sont le pouvoir présidentiel et le pouvoir judiciaire devenu pouvoir politique.

TROISIÈME PARTIE

I

LE LUXE ET L'IMPÔT

Le luxe est une consommation ou une dépense improductive; et non nécessaire. Le nécessaire a des limites variables, déterminées par le bon sens et la convenance. Le luxe commence là où le nécessaire finit. L'accroissement du luxe, de ce luxe dont jouissent et qu'encouragent, dans un but criminel, les monarchies, les cours, les aristocraties, les dignitaires des empires, sont une cause incessante de misère et de ruine pour le corps entier de la nation. On dit qu'il favorise le commerce et encourage l'industrie, en animant la circulation de l'argent. Point du tout : il change cette circulation et la rend moins utile, mais il ne l'augmente pas d'un centime. Son véritable effet est de détruire incessamment, par la trop grande consommation des uns, le produit du travail et de l'industrie des autres, et cet effet est énorme.

Quand la Hollande a-t-elle été capable d'efforts incroyables ? C'est quand ses amiraux vivaient comme ses matelots, quand tous les bras de ses citoyens étaient employés à enrichir l'État ou à le défendre, et que

presque personne ne s'occupait de tulipes ni de ta-
bleaux. Faites d'Amsterdam la résidence d'une cour
galante et magnifique, changez ses vaisseaux en habits
brodés, ses magasins en salles de bal, et dans très-peu
d'années, il lui restera à peine de quoi se défendre contre les irruptions de la mer.

La grandeur des impôts détruit dans sa source la richesse nationale; elle paralyse l'industrie, elle crée une
classe nombreuse et improductive de consommateurs
parasites, elle ruine et opprime le corps de la nation en
alimentant l'extravagance et l'orgueil de ceux qui
gouvernent.

Les causes de la fortune publique ne sont autres que
les causes de la fortune des particuliers. Le seul trésor
des hommes est l'emploi de leurs forces, le travail.
Toute la richesse des sociétés humaines est dans la
bonne application du travail, toute la misère est dans
sa déperdition ; le seul travail qui produise l'accroissement du bien-être, est celui qui produit des richesses
supérieures à celles que consomment ceux qui s'y
livrent.

La presque totalité des dépenses publiques doit être
rangée dans la classe des dépenses stériles et impro-
ductives, et tout ce qu'on paie à l'État, soit à titre d'impôts, soit à titre d'emprunts, doit être regardé comme
presque entièrement consumé et anéanti le jour où il
entre dans le trésor national. Cela ne veut pas dire, au
reste, que ce sacrifice ne soit pas indispensable. Sans
doute on doit le faire, puisqu'il faut bien être défendu,
gouverné, jugé, administré; sans doute il faut que chaque citoyen, sur le produit de son travail actuel ou sur
le revenu de ses capitaux, qui sont le produit d'un tra-

vail plus ancien, prélève ce qui est nécessaire à l'État, comme il faut qu'il entretienne sa maison pour y loger en sûreté; mais il faut qu'il sache que c'est un sacrifice, que ce qu'il donne est perdu pour la richesse publique comme pour la sienne propre, que c'est une dépense et non pas un placement, et que, pour les sociétés politiques comme pour toutes les autres, l'administration la plus économique est la meilleure.

D'ailleurs, il est manifeste que la grandeur des impôts est funeste à la liberté politique, parce qu'elle met dans les mains des gouvernants de grands moyens de corruption et d'oppression.

Voilà textuellement, en un extrait resserré, l'opinion que Destutt de Tracy développe sur cette matière, dans son commentaire de l'*Esprit des lois*. Toutes ces vérités, si carrément exprimées sous le premier Empire, n'ont pas cessé de recevoir de l'expérience la plus éclatante confirmation. Le peuple français, pour avoir négligé de s'en instruire et de les mettre en pratique, a dix fois roulé dans les abîmes, et a vu décupler ses charges et sa dette.

Allons ! hommes d'État, rois, empereurs, ministres, maréchaux, ambassadeurs, fortes têtes politiques, moquez-vous des idéologues ! Riez de ces esprits étroits que préoccupent les conditions essentielles du bien-être général ! Votre génie a bien plus d'étendue ! Pour vous, morbleu ! la politique est l'art de vivre largement aux dépens de la *vile multitude !* Vous comprenez à merveille que le besoin prédominant, le vrai besoin d'un grand peuple, est d'être représenté et conduit en laisse par de fastueux personnages, que c'est là son mérite et sa gloire; idée indiscutable selon vous, vraiment sublime à ce qu'on dit, et qui pourtant n'a pu entrer encore dans la cervelle de nos simples et honnêtes rêveurs !

II

DE LA FORCE PUBLIQUE

Nos désastres nous font une nécessité de réformer radicalement notre système militaire.

Que faut-il à la France, non pour être le premier pays de la terre, prétention peu spirituelle qui n'est bonne qu'à nous enlever toute sympathie, mais pour entrer dans une voie de dignité, d'honneur, de justice et de prospérité nationale ? Il lui faut :

1º Un peuple de travailleurs, soldats citoyens, toujours prêts à prendre les armes pour la défense de la patrie ;

2º Un certain nombre d'arrondissements militaires correspondant à des corps d'armée locaux, complets, et d'une mobilisation facile en cas de guerre ;

3º Une armée permanente de quarante ou cinquante mille hommes au plus, y compris le génie et l'artillerie, armée de circuit qui doit être l'école militaire de la France ;

4º Une marine de guerre qui protége efficacement le commerce français sur toutes les mers.

Il n'est pas de Français qui ne soit plein de reconnaissance et d'admiration pour le courage modestement héroïque de nos marins chefs ou soldats.

Notre armée de terre est composée de soldats non moins braves, patriotes et bons citoyens, quand ils ne sont point égarés par une discipline aveugle, féroce et mal entendue. Des états-majors de cette armée, des grosses épaulettes, des gens à plumets, constituant à nos yeux le militarisme, nous ne dirons rien. Rapportons seulement quelques faits.

Nous voyons aux journées de juin 1848, le peuple écrasé, mitraillé et transporté en masse par le militarisme, sans qu'on ait observé après le désarmement aucune des formalités de la justice.

Le deux décembre le militarisme n'est pas seulement exécuteur, il est conspirateur ; il tue, il massacre ceux qui défendent les lois, et met la France sous le joug de Louis Bonaparte.

Ce même militarisme fait de l'Algérie son domaine. Il divise la France en pachaliks, et s'attribue des appointements fastueux avec des honneurs royaux.

Cependant la dynastie qui le gorge de pouvoir et de richesses commence à tomber dans le mépris. Une guerre de prestige est jugée nécessaire. Le militarisme la hurle, sans raison valable, avec des forteresses dégarnies, avec la France désarmée par une défiance insolente, sans avoir rien calculé, rien prévu.

Nous ne pouvons retracer les événements qui ont suivi cette extravagance. Il faut se taire et dévorer sa honte. En considérant le gouvernement de la défense nationale qui n'a été, dans sa partie militaire, qu'un triste tesson de l'empire, on sent croître, s'il est possible, son trouble et son indignation.

Et maintenant nous demandons au peuple français s'il entend conserver :

Les dignités militaires,
Les grands commandements en pleine paix,
Les traitements exorbitants,
Le maréchalat,
Les sénatoreries,
Les dotations ?

Tout ce monde doré et galonné des serviteurs de l'empire a, croyons-nous, des comptes sévères à rendre, mais assurément le peuple français ne lui doit rien.

III

ORGANISATION DU BUDGET

La France ne peut réparer ses ruines et se relever que par une augmentation d'activité nationale, une stricte économie et des finances bien conduites.

Plus de fastueuses dignités, de sinécures publiques, de fonctions inutiles ; adieu la curée des places ! Tout bachelier jusqu'à ce jour voulait vivre aux dépens du public, sans s'embarrasser si le public avait besoin de lui. C'était un instrument aveugle forgé par l'Université à l'usage de n'importe quel parti politique. Sachons qu'une telle disposition d'esprit est criminelle et qu'il faut redresser notre sens moral oblitéré.

On ne doit admettre que des fonctions publiques strictement nécessaires et honnêtement rétribuées. Il ne convient au peuple français ni d'être servi gratuitement, ni d'alimenter des parasites

Voici une combinaison sûre.

Nous réduisons le nombre des ministres à cinq. Nous donnons au chef de l'État 150,000 fr. par an; au grand juge issu du suffrage universel, 100,000 fr.; à chaque ministre, 50,000 fr. On peut donner moins, et c'est ce que font les Américains du Nord; mais nous tenons tout excédant pour abusif.

Nous réduisons au plus petit nombre possible les fonctionnaires généraux de l'État. Une commission déterminera l'indemnité temporaire ou viagère qui sera convenablement due à chacun des fonctionnaires éliminés, en prenant en considération les charges énormes de la masse des travailleurs productifs.

Un examen sérieux de la loi du budget de 1871 démontre qu'en cessant d'attribuer au pouvoir central les contributions foncière, mobilière, personnelle, des portes et fenêtres et des patentes, contributions qui dépassent 336 millions, le peuple lui-même pourra pourvoir à ses administrations locales, communales et départementales. Il réalisera ainsi tous les progrès locaux, avec de notables économies. Ses conseils municipaux dirigeront les travaux; paieront les frais de l'école et du culte; veilleront à l'habillement, à l'armement et à l'instruction de la milice communale. (Les instructeurs et officiers des milices sont pris dans les localités, élus par les milices, sur le tableau des hommes dont l'instruction militaire est reconnue suffisante par l'État. La nomination des officiers supérieurs et le commandement des milices appartiennent au pouvoir central qui les rétribue).

Tous les frais des services publics, aux États-Unis d'Amérique, s'élèvent à une somme un peu inférieure à 394 millions. Au gouvernement central français, débarrassé des affaires locales, nous allouons 400 millions.

Ministère de la justice	30	millions.
Ministère des finances.	90	
Ministère de l'intérieur et des travaux publics	55	
Ministère des affaires étrangères, de l'Algérie et des colonies	15	
Ministère de la force publique. { Armée régulière de 50,000 hommes y compris la cavalerie et l'artillerie	90	
Marine.	120	
Total.	400	millions.

Au gouvernement demeurent réservés en vue de l'intérêt général :

L'émission de la monnaie,
L'émission des billets de banque,
Les postes,
Les télégraphes,
Les tabacs.

Mais toute autre industrie lui est absolument interdite. Tous les abus, dignités et priviléges doivent cesser d'exister. La source en est inique, et s'il y a lieu on indemnisera les dépossédés.

Voyons la dette.

L'ordre, la simplicité et la loyauté demandent que toutes les rentes de l'État soient convertis en 3 p. 100, sans perte de part ni d'autre, et qu'on renonce à tous les vieux trucs, à toutes les habiletés des financiers de génie.

Il sera fait une liquidation générale de la situation financière prise avec toutes ces charges et dans toute son étendue.

On aura recours au crédit national pour tout solder en rentes, 3 p. 100.

En supposant, ce qui paraît un maximum, que la rente s'élève à 850 millions, la charge annuelle de l'État, y compris les 400 millions de frais de l'administration générale, sera de 1250 millions (1).

Or, voici, d'après la loi du budget de 1871, les revenus de l'État, indépendants de ceux que nous avons réservés aux localités :

---

(1) Les dernières nouvelles de l'Assemblée nous font craindre que la dette ne soit considérablement accrue par les dépenses extravagantes de Gambetta. S'il en est ainsi, il faut réduire les frais généraux de l'État. On peut, sans difficulté, en suivant la marche que nous avons esquissée, les ramener de 400 millions à 300 millions. Rétablir les vieux errements administratifs et financiers, serait continuer le gaspillage du trésor public, et mener le peuple français à la banqueroute et à la ruine.

Revenu net des forêts. . .   30 millions
Domaines . . . .   13 —
Enregistrement . . . . . .   362 —
Timbre. . . . .   89 —
Douane. . . . .   73 —
Sels. . , ...   32 —
Sucres . . . .   118 —
Boissons . . . .   251 —
Tabacs. . . . .   254 —
Postes . . . .   93 —

Total . . . . 1315 millions

Une meilleure administration des propriétés de l'État augmentera leur revenu. La diminution de la population et du territoire produira une diminution notable dans le produit de l'impôt. Mais, tout compte fait, on peut s'élever sans peine au chiffre de 1,250 millions.

La France, si elle veut être à la fois sage, prudente et forte, est donc en état de faire honneur à ses engagements. En moins de quatre ans, elle aura réparé ses ruines. En moins de quarante ans, elle éteindra facilement sa dette, et deviendra l'État le plus libre, le plus riche et le plus prospère de l'Europe.

IV

CONCLUSION

Si nous sortons maintenant de la région des vrais principes sociaux et de leur sereine application pour considérer le tableau actuel de la société française, notre cœur se serre de tristesse et de douleur. Au lieu d'hommes éclairés et animés de l'amour du bien public, nous n'apercevons que des gens aveugles, passionnés, avides de pouvoir et de richesses. Du droit, de la justice, de la modération, nous n'en voyons pas l'ombre. A leur place pullulent les bonapartistes, les orléanistes, les henriquinquistes, les rouges et les bleus. Tous ces gens déchirent la patrie. Nul n'aspire à un travail utile et fécond. Chacun veut vivre aux dépens du troupeau populaire. C'est un désordre absolu du sens moral, du cœur et de l'esprit. On veut remettre à neuf la centralisation que *l'Europe nous envie*, l'innombrable légion des fonctionnaires parasites, l'armée régulière et permanente du vieil imbécile de Sedan, la corporation des privilégiés de la Bourse, enfin tous les moyens de compression et d'extorsion, tant on a hâte de jouir!

Plaise à Dieu qu'à la guerre étrangère ne succède point une guerre civile implacable! Elle mettrait la France au rang du Mexique ou de la Pologne, et bien au-dessous de la Grèce, de l'Espagne et de l'Italie, qui, secouant leur vermine, se relèvent et se régénèrent?

Que faudrait-il pour se sauver? Que le *troupeau populaire* sût et voulût, chose bien simple à ce qu'il semble, et pourtant bien rare!

FIN

TABLE DES MATIÈRES

www.ingramcontent.com/pod-product-compliance
Lightning Source LLC
Chambersburg PA
CBHW061314060726
47596CB00003B/887